AF365486

CIP – BRASIL, CATALOGAÇÃO NA PUBLICAÇÃO

B238m

Barbosa, Eduardo

MATA: bolsonarismo. / Eduardo Barbosa, Felipe Lott e Mirna Wabi-Sabi; Fotografia por Fabio Teixeira. - 1. ed. – Rio de Janeiro: Platadorma9, 2023.
78p. il.color.: 11x18 cm.

ISBN 978-65-85267-00-7

1. Política. 2. Democracia. 3. Literatura Brasileira. I. Lott, Felipe. II. Wabi-Sabi, Mirna. III.Título. IV. Teixeira, Fabio.

CDD: 320.98106
CDU: 94:32(81)

Kethlyn Galdino Pereira – Bibliotecária - CRB-8/10560

Índice para catálogo sistemático:

1.  Brasil: Política e governo. 320.98106
2.  História da política no Brasil. 94:32(81)

# bolsonarismo

Uma Antologia
Mirna Wabi-Sabi, edição
Fabio Teixeira, fotojornalismo

Publicado em fevereiro de 2023

Niterói, Brasil

ISBN: 978-65-85267-00-7

*Editora:*

**Plataforma9**

Plataforma9p9.com
Plataforma9p9@pm.me

Apoio financeiro da CAPES.

Edição e produção por:

**Mirna Wabi-Sabi**


*Aviso de gatilho — as fotos neste livro podem ser perturbadoras e mostrar morte.*

# Índice



**Fotos por Fabio Teixeira**

# Introdução

Os artigos desta antologia foram publicados entre março e dezembro de 2022 no site da Plataforma9, são todos sobre as políticas bolsonaristas, e fotografados pelo documentarista Fabio Teixeira.

Ao analisar esse período histórico brasileiro, reconhecemos que para efetivamente garantir que fenômenos políticos atrozes não se repitam, é preciso entender como eles surgiram, e o que os alimentam. Isso requer uma leitura que vai além do processo eleitoral, e requer uma vigilância constante contra tendências capitalistas e supremacistas no nível político, social e pessoal.

*"A recontextualização brasileira do fascismo dentro da paisagem sociológica da assimilação, miscigenação e epistemicídio é onde muitos desistem de se apegar ao conceito europeu [do fascismo]. Supostamente, temos a chance de sobreviver ao extermínio, o que apresenta o nacionalismo branco fascista ao mito capitalista da democracia racial meritocrática.*

*Em outras palavras, se abandonarmos nosso "passado selvagem" e aceitarmos o Ocidente em nossos corações, podemos,*

> *talvez, ser poupados de uma vida conde-*
> *nada." (trecho do texto 'Gringos e Fas-*
> *cismo', publicado na antologia "No Pasa-*
> *rán!: Antifascist Dispatches from a World*
> *in Crisis" da editora AK press).*

Tendências capitalistas e supremacistas são, na verdade, o *status quo* há muitos anos. Elas precedem o regime político bolsonarista, e não foram combatidas nas urnas em 2022. O que chamamos de fascismo no Brasil, as políticas de extermínio de populações vulneráveis, marginalizadas e oprimidas, é na verdade um sintoma de uma doença que precede por centenas de anos o que chamamos de 'fascismo' (por definição de acontecimentos na Europa ocidental).

A estratégia política supremacista da 'arminha', da nostalgia da ditadura, da meritocracia capitalista exorbitante não só afeta a população há muito mais tempo do que os 4 anos de presidência, mas também afeta uma população histórica gigantesca e de mais variadas formas. Esse livro, portanto, é um convite a luta de narrativas, ao combate através da análise e da superação epistemológica da inércia pós-eleição. Que honremos nosso "passado selvagem", e preservemos nosso legado ancestral de resiliência e dignidade.

*Mirna Wabi-Sabi*
*Niterói, janeiro 2023.*

# Entre Balas e Garimpos:

## A vida de povos indígenas e negros favelados sob o estado de exceção

*Escrito por Eduardo Barbosa*

A relação entre o Estado, grupos racialmente marginalizados e povos indígenas no Brasil contemporâneo é pautada pela violência.

A imprensa nacional está cotidianamente tingida pelo sangue que as instituições estatais derramam nestes recortes populacionais. É preciso questionar esta relação para estabelecermos a vida e não a morte como diretriz governamental. Este não é um mal que corre às soltas apenas nas trincheiras da história brasileira. O problema da violência enquanto forma de governo é um tema recorrente nas discussões filosóficas sobre o funcionamento das sociedades contemporâneas. Diversos estudiosos já se debruçaram sobre esta questão, tais como Hannah Arendt, Michel Foucault, Giorgio Agamben e Judith Butler. Os conceitos trazidos por estes filósofos nos possibilitam compreender a institucionalização de dispositivos de controle formulados em países centrais que são assimilados por outras sociedades mundo afora.

O que seriam as recorrentes chacinas em favelas e o extermínio em série dos povos originários no Brasil, senão uma aplicação de mecanismos perversos de governo? São esses mecanismos que os autores citados tratam e é a partir deles que este texto-denúncia pretende evidenciar as políticas perversas de governo que vigoram no Brasil contemporâneo, fortalecidas nos quatro anos de governo Bolsonaro.

As vidas negras e indígenas no Brasil são historicamente precárias, sempre estiveram sob o risco de descarte. Nossa formação econômica se estruturou sobre a escravização de pretos e índios. Resistir a esse projeto socioeconômico escravagista significava uma ameaça ao Estado.

Tanto o fim da escravidão, quanto a garantia dos direitos indígenas na Carta Magna de 1988, não garantiram efetivamente o fim desse risco de descarte. O Estado está sempre tentando controlar as populações negras a partir de uma política de morte conduzida por forças policiais que decidem por meio de filtragem racial quem vive e quem morre. Assim como está sempre tentando "limpar" as terras indígenas para que os brancos a explorem com seus garimpos e boiadas. O manejo violento dessas populações é operado a partir de uma exceção que o Estado cria para a suspensão de direitos civis fundamentais e a implementação de um projeto cruel de Nação.

É evidente que desde os anos 90 houve um recrudescimento da violência institucional no Brasil. Há uma espécie de guerra civil na qual determinados setores populacionais estão em permanente conflito com o Estado. Em um momento o Estado cria uma vulnerabilidade negro-periférica sujeita às suas biopolíticas de extermínio, como as incursões policiais produtoras de chacinas em favelas. Em outros períodos cria-se uma ecovulnerabilidade, isto é, uma forma de tornar inviável a vida de uma população a partir da contaminação de suas fontes de água potável, da inviabilidade de regimes alimentares oriundos de seu local de habitação e inviabilidade da forma habitual de viver ocasionada por destruição ambiental.

O incentivo do garimpo em terras indígenas, por

exemplo, é uma política de extermínio, porque produz uma ecovulnerabilidade entre os povos originários que coloca suas vidas e existências em risco.

Esse cenário catastrófico de conflitos de interesse só se mantém porque institucionalizamos a precarização das vidas que o Estado não considera relevantes para o seu projeto socioeconômico. Ou seja, mesmo com o fim da escravidão e a instauração dos direitos garantidos pela Constituição Brasileira, seguimos com o plano colonizador inicial de Nação. Como os direitos fundamentais estão garantidos por lei, o estado precisa atuar à revelia dessas garantias, mas age a partir de exceções juridicamente legais que mascaram a criminalidade de suas políticas. É exatamente esse processo que Agamben (2004, p. 12), define como "estado de exceção", "a forma legal daquilo que não pode ter forma legal". As medidas excepcionais encontram-se na situação paradoxal de medidas jurídicas que não podem ser compreendidas no plano do direito", pois são instrumentos que suspendem os direitos individuais. Isso garante, por exemplo, que determinados sujeitos sejam exterminados caso representem uma ameaça ao Estado.

Um exemplo é o estado de exceção do Nazismo. Assim que o poder foi entregue a Hitler, este suspendeu os artigos referentes às liberdades individuais presentes na Constituição de Weimar e promulgou o Decreto para a proteção do povo e do Estado. Do ponto de vista jurídico, o terceiro reich se constituiu como um estado de exceção que durou 12 anos, visto que o decreto jamais foi revogado após sua instauração (Agamben, 2004, p.13). Para os ideais nazistas, era preciso suspender os direitos individuais para promover uma institucionalização do racismo e da marginalização dos não-arianos.

A questão é que o dispositivo do estado de exceção não foi sepultado com a derrocada de regimes totalitários, tal como o regime nazista. Pelo contrário, ele foi reformulado e absorvido por regimes democráticos, transformando-se em um paradigma de governo.

7 de setembro de 2022 — Rio de Janeiro. Manifestantes fazem ato a favor de Bolsonaro na praia de Copacabana com a presença do presidente. Muitos exibiram faixas antidemocráticas contra o STF e o TSE. O ato coincidiu com as comemorações do Bicentenário da Independência.

*"O totalitarismo moderno pode ser definido, nesse sentido, como a instauração, por meio do estado de exceção, de uma guerra civil legal que permite a eliminação física não só dos adversários*

*políticos, mas também de categorias inteiras de cidadãos que, por qualquer razão, pareçam não integráveis ao sistema político. Desde então, a criação voluntária de um estado de emergência permanente (ainda que, eventualmente, não declarado no sentido técnico) tornou-se uma das práticas essenciais dos Estados contemporâneos, inclusive dos chamados democráticos." (2004, p.13).*

É uma zona nebulosa entre absolutismo (a suspensão de direitos individuais) e democracia. No agir governamental dentro dessa indeterminação temos uma biopolítica (FOUCAULT, 1999), um processo no qual ora o estado mata, ora deixa morrer. As forças policiais produzem matanças seletivas e racializadas em favelas e a falta de proteção das terras indígenas cada vez mais exploradas predatoriamente pelos brancos deixa-os morrer. No Brasil parece ser comum tanto uma coisa quanto outra. É o que a vulnerabilidade negro-periférica urbana e a ecovulnerabilidade indígena, respectivamente, nos revelam.

Uma operação policial em 2021 resultou na morte de 25 pessoas na favela do Jacarezinho, na cidade do Rio de janeiro. Duas pessoas foram atingidas em um vagão do metrô por balas perdidas, disparadas na operação. Essa era até aquela data a segunda maior chacina da história da cidade. A operação ocorreu mesmo sob uma resolução do STF que suspendia todas as operações policiais em favelas enquanto o país vivia o ápice da crise sanitária causada pela pandemia de covid-19 (EL PAÍS, 2021). É flagrante a constatação de que neste tipo de ocorrência os direitos fundamentais garantidos pelo estado de direito foram suspensos. Quando se trata de populações periféricas, a inviolabilidade do lar e o direito à vida cedem lugar ao controle violento instrumentalizado pelo Estado. É o que esta reportagem do El País denuncia:

> *"De acordo com o relato de quem acompanha a operação no local, os agentes estão invadindo a casa de moradores para realizar revistas — que só podem ocorrer com mandado judicial — e estão colocando os corpos das pessoas mortas em veículos blindados da corporação. Em uma das imagens recebidas pelo EL PAÍS, três agentes carregam irregularmente um corpo dentro de um lençol branco, atrapalhando qualquer trabalho de perícia." [...] "O EL PAÍS recebeu imagens de corpos caídos no chão e de pessoas ensanguentadas. Também circulam fotografias do interior de algumas casas. Nelas, paredes e pisos*

> *aparecem com marcas de bala e grandes manchas de sangue. "Tenho uns 10 relatos de pessoas contando que a polícia entrou em suas casas revistando e jogando tudo para cima. A favela inteira está tomada", afirma o morador. Em um áudio recebido por este jornal, outra pessoa relata a seguinte cena: "Entramos numa casa aqui com pedaço de massa encefálica. Invadiram a casa de uma senhora e torturaram o cara aqui dentro, a casa está toda suja de sangue". Outra também relatou que em uma residência havia quatro mortos em uma laje e que os agentes não deixavam ninguém entrar. Há também denúncias de que agentes confiscaram telefones de moradores, sob o argumento de que mandavam informações para traficantes (06/05/2021)."*

A operação de maior letalidade em periferias aconteceu em 2005 entre Nova Iguaçu e Queimados, municípios do Rio de Janeiro, quando policiais mataram 29 pessoas. Antes disso, em 1993, uma operação na favela carioca de Vigário Geral terminou com a morte de 21 pessoas. Em 2022, 23 pessoas morreram em decorrência de uma operação policial na Vila Cruzeiro, Zona Norte do Rio de Janeiro. E em 2007, 19 pessoas morreram em uma operação no Complexo do Alemão. (EL PAÍS, 06/05/2021; G1, (01/06/2021). De acordo com uma reportagem do G1 (01/06/2022), o estado do Rio de Janeiro teve em 14 anos 593 chacinas provocadas por operações policiais. Entre 2007 e 2021 houve 17.929 operações policiais nas quais houve a morte de 2.374 civis.

As comunidades periféricas de grandes centros urbanos parecem viver um ininterrupto momento Carandiru em que as forças policiais agem como se o extermínio daqueles classificados como criminosos fosse a única forma de controle do estado sobre as populações em quadros de crise social. Uma crise, vale ressaltar, criada pelo próprio Estado. Pois a maioria das operações policiais resultantes em chacinas são operações de combate ao tráfico de drogas.

Haveria operações contra traficantes se os psicoativos deixassem de ser vendidos em bocas de fumo e fossem vendidos em farmácias? Ou se o consumidor pudesse cultivar seu próprio psicoativo? Estas chacinas não são apenas evidências de políticas antidrogas fracassadas. Elas expõem o modo como a vida é organizada sob um estado de exceção reformulado.

Observemos na notícia referente ao maio de 21 de Jacarezinho, os confiscos, as invasões de domicílio, as buscas sem mandato judicial, as mortes de *suspeitos*. Observemos com atenção a palavra "suspeito", um rótulo suficiente para produzir um alvo. Sob um estado de exceção não é necessário a manutenção dos direitos individuais. Por isso a polícia abate suspeitos. Mata-se 29 pessoas em benefício de uma sociedade mais segura. Aqui o Estado faz morrer o possível criminoso ou deixa viver o insuspeito. Nos termos de Foucault (1999), tem direito de vida e de morte. A morte desse outro indesejável sanitiza a vida em geral. É o Estado absolutista que, tal qual Creonte, decide que Antígona deve morrer por ter violado suas leis. E o corpo criminoso precisa ficar exposto como forma de admoestação. O que são as chacinas policiais senão formas de disciplinar a favela por meio da exposição de seus cadáveres?

De acordo com o G1, as operações policiais no Estado do Rio de Janeiro nos últimos 15 anos provocaram 4,7 vezes mais mortes de negros e pardos em comparação com brancos. "Dados do Instituto de Segurança Pública do Estado do Rio mostram ainda que os negros e pardos representam 72% de todos os óbitos causados por intervenção de agentes do Estado nesse período" (20/11/2021). É esse tipo de evidência que nos mostra em detalhes o que Foucault (1999) define como um racismo de Estado. O racismo aqui se desenha de forma clara contra uma periferia favelada, pobre e negra. Não se trata de aleatoriedade na geografia das chacinas e dos sujeitos abatidos nas ações policiais violentas. Trata-se de uma seleção que constrói a figura do criminoso a partir do que Sinhoretto (2020) define como filtragem racial.

O suspeito é sempre de pele não-clara, jeito de malandro e cara de bandido. O olhar policial é treinado para fazer uma varredura visual, branco passa, preto fica. Essas políticas utilizadas por instituições policiais não são feitas para o controle pacífico do ambiente social das periferias. Elas são ferramentas de seleção de corpos a ser rastreados e abatidos. É uma política eficiente na produção de mortos. Todas estas operações policiais têm respaldo do Estado, pretende-se com elas combater os crimes periféricos. Ou seja, a polícia promotora de chacinas nas favelas é a entidade a materializar o efeito do dispositivo de estado de exceção aplicado a um determinado setor populacional.

Neste caso, o favelado está sempre com a vida por um fio, caminhando *ad eternum* na corda bamba do Estado regida pelas forças policiais. Temos, portanto, uma ação direta do estado que promove o extermínio de uma população marginalizada. E mais do que isso, temos a institucionalização do marginalizado, a criação do que denomino por uma vulnerabilidade negro-periférica. Isso nos mostra que a máquina de fazer vulneráveis é uma ferramenta para viabilizar as chacinas policiais.

Os casos dessas comunidades as quais eu trouxe como exemplo nos mostra como o Estado distribui vulnerabilidades entre seus cidadãos. Judith Butler (2020, p.10) apresenta alguns argumentos sobre essa questão no livro *Vidas precárias*. Afirma ela que "existem meios de distribuir vulnerabilidades, formas diferenciadas de alocação que tornam algumas populações mais suscetíveis à violência arbitrária do que outras". É o que vemos nas periferias brasileiras. As favelas cariocas são historicamente suscetíveis à violência arbitrária do Estado. Embora haja uma ampla discussão pública sobre este problema, ele é recorrente, vai dos anos 1990 a 2022.

Ao analisarmos o estado de exceção como paradigma de governo observamos como as políticas de segurança pública selecionam e matam sujeitos periféricos. No entanto, a violência de estado não está localizada apenas nas bordas das metrópoles.

A mesma máquina que produz corpos vulneráveis nas favelas também os produz pelo interior do país, em regiões rurais. Por isso é importante discutirmos a institucionalização da violência em outras localidades.

É o caso do aumento da precarização da vida dos povos originários em face das políticas do governo Bolsonaro.

Neste contexto, a violência institucional não opera de acordo com os mesmos mecanismos que estruturam o manejo violento das comunidades cariocas. Se naquelas apontamos para um fazer morrer, aqui vigora um deixar morrer. Há uma mão do Estado que empunha a arma discretamente, não diretamente. Trata-se de uma política que preza pelo descaso.

No primeiro semestre de 2021 a imagem de uma criança Yanomami de oito anos pesando apenas doze quilos (o peso considerado normal para esta faixa etária é vinte quilos) gerou uma comoção no país. A criança, além do quadro de desnutrição, estava com malária.

O El País (17/05/2021) veiculou a seguinte manchete sobre esse caso: "etnia enfrenta crises sanitária e ambiental com escalada de violência por garimpos ilegais. Povo denuncia novo ataque neste domingo. Imagem expõe o grave e crônico problema da assistência à saúde em várias aldeias".

A violência de Estado nesse caso tem um caráter de biopolítica. Pois aqui houve um estímulo do governo federal para a garimpagem e a dissolução do modo indígena de viver. É a isso que eu classifico de ecovulnerabilidade. Isto é, degrada-se um ambiente ao ponto de tornar a vida das populações que dele dependem insustentável.

Há uma ligação estreita entre ecovulnerabilidade e políticas governamentais. Em 2019 o diretor do Instituto Nacional de Pesquisas Espaciais (Inpe) foi exonerado do cargo por divulgar dados referentes ao desmatamento da Amazônia. Na Amazônia, vale lembrar, é onde estão a maior parte dos povos originários brasileiros, especialmente aqueles considerados isolados, como os Mashco. Na ocasião, o presidente Bolsonaro questionou os dados dizendo que *"com toda a devastação de que vocês nos acusam de estar fazendo e ter feito no passado, a Amazônia já teria se extinguido"*.

Para o presidente não só os dados do Inpe eram falsos, mas o diretor do órgão poderia estar a *"serviço de alguma ONG."* (FOLHA DE SP, 02/08/2019). Para entender este tipo de ataque contra um órgão de fiscalização ambiental é necessário convidar Hannah Arendt (1989) para a discussão. Pois este é o exemplo de uma negação da realidade, característica de um líder autoritário que coloca seu projeto de poder acima da vida de seus governados.

"O possuir poder significa o confronto direto com a realidade, e o totalitarismo no poder procura constantemente evitar esse confronto, mantendo seu desprezo pelos fatos". (p. 442). Na imagem fictícia de Brasil do presidente, não existe desmatamento em grande escala na Amazônia. É essa imagem que ele precisa vender e é nela que acredita, apesar de não ter relação direta com fatos estabelecidos por pesquisadores do cenário amazônico e instituições como o INPE que monitora o desmatamento no Brasil.

Já em uma transmissão via rede social em 2020, o presidente Bolsonaro afirmou que *"o índio mudou, tá evol... Cada vez mais, o índio é um ser humano igual a nós. Então, vamos fazer com que o índio se integre à sociedade e seja realmente dono da sua terra indígena, isso é o que a gente quer aqui"*. (G1, 24/01/2020). No seu governo não cabe o desenvolvimento econômico sustentável, tampouco modos de vida alternativos ao ocidental. Tudo se resume ao modo de vida do branco. É uma tentativa de eliminação de uma realidade rival ao seu projeto de governo (ARENDT, 1989). O presidente Bolsonaro prefere colocar seu projeto de país acima das necessidades dos povos amazônicos. Será que os

Mashco que se organizam pelo espaço amazônico transitando entre espaços múltiplos e mantendo uma política de isolamento completo em relação a outros povos, como mostrou os estudos de Peter Gow (2011), desejaria uma integração à essa sociedade branca? Será que todos os próprios brancos querem estar inseridos nesse modelo insustentável de sociedade que insistimos em construir desde a invasão europeia?

No primeiro semestre de 2022, quando a Rússia declarou guerra à Ucrânia, Bolsonaro, então presidente, afirmou (CORREIO BRASILIENSE, 2022) que a dependência brasileira de fertilizantes russos poderia ser suprimida com a exploração mineral em reservas, como na foz do Rio madeira. Na época desta discussão tramitava na câmara com apoio do Palácio do Planalto o Projeto de Lei 191/2020 que liberava garimpagem em reservas indígenas.

Para a especialista em meio ambiente e urbanismo Suely Araújo (CORREIO BRASILIENSE, 2022) o PL viabilizava uma mineração em larga escala, com falta de cuidados ambientais e a prioridade era o garimpo de ouro. Obviamente, não se trata de desenvolvimento sustentável, mas de produção de vulnerabilidades de populações consideradas um entrave à exploração deletéria do meio ambiente e seus recursos.

Um Yanomami em denúncia ao Correio Braziliense (03/03/2022) disse o seguinte:

> *"Desde 2019, relato as necessidades e pedimos socorro ao Governo. Agora está pior. Aumentou muito a desnutrição. Onde tem garimpo forte tem o problema da fome. E na pandemia aumentaram as invasões. Como eu vou explicar a fome dos Yanomami? Eles [os garimpeiros] sujam os rios, destroem a floresta, acabam a caça. Nós nos alimentamos da natureza."*

É impossível não retornar à Arendt (1989) como fonte explicativa para a invasão do garimpo às reservas indígenas. É uma ação que decorre do discurso presidencial. Faz parte de seu projeto de governo a eliminação da cultura indígena, a eco-vulnerabilidade, a pilhagem das reservas. "Como um conquistador estrangeiro, o ditador totalitário vê as riquezas naturais e industriais de cada país, inclusive o seu, como fonte de pilhagem" (p. 472).

Para Arendt (1989),

> *"o motivo pelo qual os regimes totalitários podem ir tão longe na realização de um mundo invertido e ficcional é que o mundo exterior não-totalitário também*

> *só acredita naquilo que quer e foge à realidade ante a verdadeira loucura, tanto quanto as massas diante do mundo normal. (p. 487)."*

O Brasil de 2018-2022 viveu sob um regime que se parece, em grande medida, com um governo totalitário. O apagamento das diferenças entre povos não é uma característica totalitária mascarada de integração? O racismo de Estado não é uma característica do totalitarismo? Que é a miséria dos Yanomami senão uma biopolítica na qual se produz "um corte entre o que deve viver e o que deve morrer"? (FOUCAULT, 1999). Quem deve viver nesse caso é o branco que garimpa.

Assim como as comunidades periféricas vivem às voltas com um Estado que viola seus direitos individuais, os povos originários vivem às voltas com um Estado que viola tanto seus direitos individuais, quanto seus direitos coletivos. A partir dessa discussão, aponto para uma de nossas maiores contradições enquanto Nação. Uma contradição que faz habitar no mesmo cenário a democracia e o absolutismo. Povos indígenas e negros favelados vivem sob um estado de exceção constante dentro de um Estado democrático de Direito. Parece que estes sujeitos estão presos dentro de um Brasil-Carandiru do qual não podem escapar. Um lugar no qual aguardam a chegada inexorável do carrasco com seus distintivos ou seus garimpos e boiadas. É Estado democrático de Direito ou permanente Estado de exceção?

# Referências

AGAMBEN, Giorgio. Estado de exceção: Homo sacer, II, I. São Paulo: Boitempo, 2004.

ARENDT. Hannah. Origens do totalitarismo. São Paulo: Companhia das Letras, 1989.

CORREIO BRAZILIENSE. Política. Bolsonaro usa guerra como alegação para defender mineração em terra indígena. Online. Março de 2022.

BUTLER, Judith. Vidas precárias: os poderes do luto e da violência. Belo Horizonte: Autêntica, 2020.

G1. Profissão Repórter. Rio de Janeiro tem 593 chacinas policiais em 14 anos aponta levantamento. Online. 01 de junho de 2022.

———. Política. Cada vez mais o índio e um ser humano igual a nós, diz Bolsonaro em transmissão nas redes sociais. 24 de janeiro de 2020.

———. RJ. Pessoas negras e pardas morreram 47 vezes mais do que brancas em ações da polícia no RJ nos últimos 15 anos. Online. 21 de novembro de 2020.

GOW, Peter. "Me deixa em paz!". Um relato etnográfico preliminar sobre o isolamento voluntário dos Mashco. Revista de Antropologia. [S. l.], v. 54, n. 1, 2012.

EL PAÍS. Brasil. Operação policial mata 25 pessoas no

jacarezinho em segunda maior chacina da história do Rio. Online. 06 de maio de 2021.

———. Brasil. 8 anos e 12 quilos: a criança com malária e desnutrição que simboliza o descaso com os Yanomami no Brasil. 17 de maio de 2021.

FOLHA DE SP. Ambiente. Diretor do Inpe será exonerado após críticas do governo à dados de desmate. Online. 02 de agosto de 2019.

FOUCAULT, Michel. Em defesa da sociedade: curso no Collège du France (1975-1976. São Paulo: Martins Fontes, 1999.

SINHORETTO, Jaqueline. et al. Policiamento e relações raciais em perspectiva comparada SP e RS. In: 44º ENCONTRO ANUAL DA ANPOCS, 44, 2020. S/L. Anais. 2020.

SÓFOCLES. Antígona. Porto Alegre: LP&M Pocket, 2019.

*Fotos:*
RIO DE JANEIRO — 15 DE NOVEMBRO: Milhares de apoiadores do Jair Bolsonaro se reuniram em protesto contra os resultados das eleições de outubro.

# Bolsonarismo, Nacionalismo como Religião

*Escrito por Felipe Lott*

Com o desenvolvimento da Modernidade, o nacionalismo passou a ganhar cada vez mais relevo e a dominar corações e mentes por todo o globo, principalmente a partir da Revolução Estadunidense (1776) e da Revolução Francesa (1789). Antagonizando com o modelo social da Igreja, a Modernidade foi sendo estabelecida a partir de uma concepção naturalista e materialista, isto é, negava-se a instância divina e se afirmava a realidade unicamente por critérios que fossem próprios a esse e exclusivos desse mundo, e não frutos de um além-mundo. Na esteira da decadência das monarquias e da Igreja Católica como as principais instituições a estruturar a vida social europeia em termos políticos e de construção do sentido da realidade, o nacionalismo se tornou a proposta de organização social mais expressiva no mundo ocidental durante o século XIX e XX.

Mais próximo da religião e dos laços familiares do que da ideologia (ANDERSON), o sucesso do nacionalismo nos últimos dois séculos pode ser atribuído a sua maior capacidade em conciliar e sintetizar os valores tradicionais e modernos em uma unidade social coesa. Ao despontar com mais intensidade no século XIX, o nacionalismo se apresentou como a melhor possibilidade de construção de estados viáveis (economia integrada, administração política centralizada e cultura padronizada) para o desenvolvimento do capitalismo (HOBSBAWM 2016; ANDERSON).

Localizado especialmente como fenômeno europeu, que, servindo como modelo universal, espraiou-se para o resto do planeta, o nacionalismo serviu como mestre de obra para a construção de um novo mundo talhado para atender as necessidades da grande indústria (HOBSBAWM 2016; BAUER; GELLNER). Nesse sentido, o nacionalismo se mostra como um amálgama entre religião, laços familiares e ideologia, que definiremos aqui como *religião civil* (HOBSBAWM 2016; ANDERSON).

Como fenômeno eminentemente social, a religião representa estados mentais de uma coletividade e desempenha uma função etiológica que opera como padronizador lógico de determinado grupo, e pode ser vista como a origem do nacionalismo como fenômeno. Ela classifica e divide todo o universo, real e/ou ideal, em dois domínios absolutamente diferentes, separados e excludentes: sagrado e profano. Nesse mundo inteiramente partido, o religioso deve se preocupar em se aproximar do e proteger o domínio do sagrado e se afastar e se defender do reino do profano. Instituindo-se como guardiã e sentinela do sagrado, a religião se configura como a síntese dos ideais de um determinado grupo.

Para alcançar o ideal, o religioso dispõe de duas ferramentas fundamentais, o mito e o rito, que funcionam em conjunto. O primeiro se relaciona com o sentido, enquanto o segundo com a prática. O mito explica o mundo e o rito e aponta um caminho, enquanto o rito representa e relembra o mito e oferece uma técnica de atingir o ideal coletivo. Ao ritualizar o mito em momentos e circunstâncias estabelecidos socialmente, o religioso pode transcender as suas fraquezas e se conectar com uma força que lhe permite superar os desafios do cotidiano (DURKHEIM).

Por civil, compreendemos a esfera política a partir de um sentido laico, que se preocupa com as necessidades de pessoas definidas juridicamente como cidadãs — apartada do domínio religioso. Portanto, a religião civil se apresenta como ferramenta do Estado para se instituir como um ideal, permitindo, por meio da formação e fixação dessas ideias nas mentes dos membros do grupo, garantir a ordem e a harmonia políticas. Longe de ser uma novidade da Modernidade, a religião civil possui profundas raízes na política, especialmente no republicanismo, a ideologia em que o civil (mito) e a cidadania (rito) são figuras centrais.

Para criar a sua religião civil, e destronar esse papel da Igreja Católica, a Modernidade se inspirou na cultura da Grécia e da Roma Antigas, principalmente esta última. Uma das principais referências na construção da religião civil moderna, Cícero já fazia grandes elogios a promoção da religião em Roma realizada por Numa Pompílio, segundo rei da cidade eterna, por favorecer o estabelecimento da paz, da calma, da doçura e da amizade entre os romanos, sequiosos de guerra, utilizando-se de artifícios laicos como os mercados, os jogos, as festas e toda sorte de reuniões para unir os homens em harmonia (capítulos XIII e XIV do livro II de sua *Da República*, do último século a.C).

O ideal greco-latino como fundamento da religião civil moderna retornou com força a partir do

Renascimento, encontrando em Maquiavel o seu principal teórico e defensor. Porém, foi necessário mais alguns séculos para que o golpe definitivo fosse dado pela Revolução Francesa, que conseguiu escantear de vez a Igreja do papel de religião civil por excelência do Ocidente. Influenciada principalmente pelas ideias de Rousseau, presentes no capítulo VIII do livro IV *Do contrato social*, a religião civil passou a ser concebida como a religião do cidadão, que preconizava o sacrifício pela pátria e o amor as leis sem os vícios da religião (leis simples, em pequeno número, enunciadas com precisão, sem explicações nem comentários).

Fundamentado nessas ideias, o nacionalismo do século XIX era pensado como uma forma de organização social própria para a Europa e os Estados Unidos. Conforme Espanha e Portugal entravam em decadência, Inglaterra, França e Estados Unidos fomentaram intensamente o surgimento do nacionalismo nos territórios coloniais da América Latina, acabando por provocar lutas por independência em toda a região. Ao destronar as colônias das antigas potências ibéricas, Inglaterra, França e Estados Unidos passaram a disputar o posto de nova metrópole desses territórios recém-independentes.

O Brasil não foi diferente e se transformou em

uma colônia econômica da Inglaterra, cultural da França e um pouco dos dois dos Estados Unidos. Adentrando velozmente no Brasil, a cultura francesa foi se apropriando do país, configurando-se em cultura legítima. Não apenas as ideias republicanas francesas deitaram profundas raízes em solo nacional, como o próprio positivismo — tratada como uma religião laica — obteve grande êxito em se arraigar na cultura brasileira. Entre os agentes brasileiros a receber mais forte influência da França nessa era, destaca-se o Exército.

Alcançando o proscênio político do Brasil com a Proclamação da República (1889), o Exército se tornou um dos principais agentes a produzir a nova religião civil brasileira que se desenhava com o despojamento da Monarquia em 1889 (CARVALHO 2017). Influenciado pelo positivismo e o republicanismo francês, o Exército representou um braço da França na promoção de sua cultura no Brasil, competindo principalmente com os partidários do liberalismo estadunidense. Principalmente por meio do Exército nacional e da escola pública, o nacionalismo do século XIX infundiu e enraizou a nova religião civil no povo brasileiro.

Como fenômeno religioso, a religião civil também partilha de três elementos fundamentais:

(1) a dádiva ou a reciprocidade, (2) o sacrifício e (3) a dívida. A dádiva ou a reciprocidade representa uma relação econômica baseada na moral. Todos os membros de um grupo precisam trocar bens, materiais ou espirituais, na mesma proporção, produzindo uma dinâmica de igualdade percebida como dádiva em uma sociedade religiosa (MAUSS; SAHLINS). O sacrífico representa uma relação social em que todos os membros do grupo oferecem voluntariamente em um ritual o que possuem de melhor à coletividade, objetivando com esta ação conservar a paz e a harmonia sociais e proteger o grupo do mal e do caos (MAUSS & HURBERT). Por fim, a dívida representa uma relação em que pessoas iguais, de fato ou em potencial, fazem trocas que produzem uma desigualdade momentânea entre elas. A dívida existe nesse intervalo de desigualdade entre pessoas iguais de fato ou em potencial. Na religião, os membros de um grupo possuem certa igualdade e/ou semelhança com o plano cósmico, contraindo uma dívida original com o divino ao nascerem (GRAEBER).

Observando o nacionalismo como fenômeno religioso no século XIX e XX, constatamos todo o seu apelo a uma reciprocidade entre cidadãos juridicamente iguais, o que implicava em uma homogeneidade étnica e racial, que deviam realizar constantes sacrifícios pela nação em razão de uma dívida primordial impagável com a sua sociedade de origem. O entendimento da obrigação inalienável dos indivíduos com as suas sociedades de origem, fruto de uma dívida primordial contraída ao nascerem e cobrada pelo Estado, transformou-se em prática corrente e corriqueira, quando não na maior preocupação social na Modernidade.

Essa dívida era cobrada frequentemente por meio do sacrifício da própria vida, dinâmica e mecanismo que se intensificaram vertiginosamente no século XX com a emergência das *guerras totais*, modalidade de guerra que tinha por objetivo a liquidação total e completa do inimigo (PALACIOS JUNIOR; ANDERSON; HOBSBAWM 1995).

Já na Guerra Fria, a possibilidade de destruição total nuclear reconfigurou o processo de mobilização geral para a liquidação de um inimigo, o que implicou na intensificação da estruturação do nacionalismo em sua forma religiosa. No histórico conflito, tradicionalistas e modernistas (os conservadores e os liberais) encontraram um inimigo em comum, capaz de uni-los contra um mesmo oponente — o socialismo — que começou a ameaçar a partir do século XIX e a assustar de fato a partir da Revolução de Bolchevique de Outubro de 1917. Nesta aliança tática entre tradicionalistas e modernistas contra o socialismo, o nacionalismo se sobressaiu como forma de organização política e cultural durante o século XIX e XX.

Longe de ser um raio em céu azul, o bolsonarismo é um fenômeno recorrente na história do século XIX ao XXI, mudando apenas as suas coordenadas geográficas e especificidades histórico-culturais.

Uma das principais fundamentações do bolsonarismo se encontra no militarismo. Para conseguir reverter a imagem negativa que tinha ao longo do século XIX e início do XX, o Exército brasileiro empenhou grandes esforços em uma campanha pela valorização das Forças Armadas e pela infusão de um espírito militarista na sociedade. Entre outras ações, o Exército fundou a Confederação Brasileira de Tiro em 1896, voltada principalmente para aproximar os civis da vida militar, ação que se assemelha a realizada pelo bolsonarismo na última década.

No início da República Brasileira, o principal objetivo dos militares era aprovar o serviço militar obrigatório nas Forças Armadas. Até 1918, o alistamento foi monopolizado pela Guarda Nacional, uma espécie de polícia a serviço do Ministério da Justiça, que alistava os melhores quadros disponíveis para a sua força, principalmente de membros da elite e das classes médias. A partir daquele ano, a Guarda Nacional passou a estar subordinada ao Exército (CARVALHO 2006).

Junto a isso, o alto comando do Exército iniciou uma campanha para seduzir a classe operária a ingressar na corporação. Para obter êxito nessa meta, o Exército investiu o quartel de uma imagem familiar, em que oficiais virtuosos e paternais ensinariam lições de moral, de virilidade e de civismo ao filho do operário. Por meio dessa campanha de repaginação da imagem social do Exército, a corporação conseguiu aproximar a classe operária dos quartéis (CASTRO 2012).

Mais do que um apelo a um sacrifício espontâneo e voluntário, o Estado cobrava uma dívida a seu povo no combate ao comunismo. Mais do que uma concordância de princípios, a luta contra o comunismo exigia o cumprimento de um dever a seus cidadãos. Com o golpe de 1964 e a Ditadura que se seguiu, o Brasil, argumentam os seus defensores, conseguiu se livrar do comunismo. Por meio da ação "redentora" dos militares e a obediência religiosa do povo ao regime, o Brasil, novamente segundo seus apoiadores, conquistou a paz e a harmonia sociais e o desenvolvimento econômico.

Com o fim da Ditadura em 1985, a religião civil brasileira do século XX perdeu gradualmente cada vez mais viço ao longo do desenvolvimento da Novíssima República (1985-). Porém, com o estouro da crise capitalista de 2008, que estourou no Brasil em 2013, o apelo religioso da religião civil brasileira do século XX retornou nesse início de século XXI. Com a revitalização do nacionalismo em sua forma religiosa, os seus elementos do passado voltaram com tudo, especialmente a luta contra o comunismo (que de resto se encontra em baixa em todo mundo), protagonizada pelos militares, profissionais de segurança pública e cristãos conservadores.

Rediviva, a religião civil brasileira do século XX volta a exigir sacrifícios diários de seus adeptos no século XXI. Ao se sacrificarem, os bolsonaristas estariam lutando para salvar a pátria ameaçada pela corrupção e dissolução comunistas. A adesão a esse movimento não acontece por mera escolha voluntarista e opcional. Ao participarem dessa luta, os bolsonaristas estariam pagando a sua dívida com a Pátria e, assim, também estariam contribuindo para garantirem as prometidas paz e prosperidade sociais e a prosperidade econômica.

Nesse momento, o apelo a dívida possuí estímulos de diferentes tipos. As dívidas com a família, com Deus, com o Estado, com a Pátria e/ou com o Mercado são mobilizadas de acordo com o público-alvo específico da propaganda bolsonarista. Mobilizando intensamente essa religião civil atualizada, os principais nomes do bolsonarismo conseguem levar grandes massas às ruas em verdadeiras manifestações religiosas, em que o suposto povo confere um poder absoluto, praticamente divino, ao seu "líder supremo", caracterizado e aclamado como "messias".

Afetados por uma propaganda ininterrupta com esse conteúdo da religião civil há pelos menos uma década, a eleição presidencial de 2022 foi ainda mais carregada com um verniz religioso do que a de 2018. Apelos a supostos fechamentos de igrejas, da suposta relação do candidato vencedor da eleição com Satanás e outras alegações moralistas de cunho religioso rechearam a campanha presidencial de Bolsonaro, que seria a representação do "salvador", do "templário", do "cruzado".

Com a derrota de Bolsonaro no pleito, a massa bolsonarista passou a se ver diante dos portões do inferno, percepção que vem sendo alimentada pela propaganda bolsonarista. Como último recurso diante do desespero, essa massa se joga e acampa na frente dos quartéis clamando por alguém que desempenhe o papel de salvador por meio das armas.

Como na religião civil brasileira do século XX, a

do século XXI alardeia sem tréguas o caráter corruptor do comunismo, que supostamente já teria se infiltrado nas instituições da República. A única solução para esse suposto apocalipse seria a ação violenta dos militares por meio de uma "intervenção federal" que sanearia a República.

Ao contrário do que querem acreditar os otimistas, esta é uma situação que vai durar ainda por um bom tempo. Ao se desenvolver, a Modernidade inevitavelmente abriu espaço para projetos que buscavam a sua superação, como o socialismo. Para vencer a disputa pelo poder, o bolsonarismo resgata e ressuscita a religião civil brasileira do século XX. Mesmo que não faça sentido para quem se guia por uma concepção de mundo racionalista, a atualização da religião civil brasileira do século XX no XXI tem demonstrado grande eficácia em mobilizar grupos de cidadãos.

# Referências

ANDERSON, Benedict. **Comunidades imaginadas: reflexões sobre a origem e a difusão do nacionalismo**. trad. Denise Bottman. São Paulo: Companhia das Letras, 2008.

BAUER, Otto. **A nação**. *In*: Gopal Balakrishnan (org.). *Um mapa da questão nacional*. introd. Benedict Anderson. trad. Vera Ribeiro. revis. trad. César Benjamin. 1.ed. 1.reimp. Rio de Janeiro: Contraponto, 2008.

CARVALHO, José Murilo. **As Forças Armadas na Primeira República: O Poder Desestabilizador**. *In*: CARVALHO, José Murilo. *Forças Armadas e política no Brasil*. 2.ed. Rio de Janeiro: Zahar, 2006.

CARVALHO, José Murilo de. **A formação das almas: o imaginário da República no Brasil**. 2.ed. São Paulo: Companhia das Letras, 2017.

CASTRO, Celso. **A luta pela implantação do serviço militar obrigatório no Brasil**. *In*: CASTRO, C. *Exército e nação: estudos sobre a história do exército brasileiro*. Rio de Janeiro: FGV, 2012.

CÍCERO, Marco Túlio. **Da República**. trad. e notas Amador Cisneiros. 2.ed. São Paulo: EDIPRO, 2011.

DURKHEIM, Émile. **As formas elementares da**

**vida religiosa: o sistema totêmico na Austrália**. trad. Paulo Neves. São Paulo: Martins Fontes, 1996.

GELLNER, Ernst. **O advento do nacionalismo e sua intepretação: os mitos da nação e da classe**. *In*: Gopal Balakrishnan (org.). *Um mapa da questão nacional*. introd. Benedict Anderson. trad. Vera Ribeiro. revis. trad. César Benjamin. 1.ed. 1.reimp. Rio de Janeiro: Contraponto, 2008.

GRAEBER, David. **Dívida: os primeiros 5.000 anos**. trad. Rogério Bettoni. São Paulo: Três Estrelas, 2016.

HOBSBAWM, Eric. **Era dos extremos: o breve século XX (1914-1991)**. trad. Marcos Santarrita. rev. técn. Maria Célia Paoli. 2.ed. São Paulo: Companhia das Letras, 1995.

HOBSBAWM, Eric. **Nações e nacionalismo desde 1780: programa, mito e realidade**. 7.ed. trad. Maria Celia Paoli e Anna Maria Quirino. São Paulo: Paz & Terra, 2016.

MAQUIAVEL, Nicolau. **Discursos sobre a primeira década de Tito Lívio**. glossário e revisão técnica Patrícia Fontoura Aranovich. trad. MF. edição de texto Karina Jannini. São Paulo: Martins Fontes, 2007.

MAUSS, Marcel. **Ensaio sobre a dádiva**. *In*: MAUSS, Marcel. *Sociologia e antropologia*. trad. Paulo Neves. 1.ed. São Paulo: Ubu, 2017.

MAUSS, Marcel; HUBERT, Henri. **Sobre o sacrifício**. trad. Paulo Neves. São Paulo: Ubu, 2017.

PALACIOS JUNIOR, Alberto Montoya Correa. **As guerras de vingança e as Relações Internacionais: Um diálogo com a antropologia política sobre os Tupi-Guarani e os Yanomami**. São Paulo: UNESP, 2019.

ROUSSEAU, Jean-Jacques. **Do contrato social ou princípios do Direito Público**. trad. Maria Constança Pissarra. Petrópolis: Vozes, 2017.

SAHLINS, Marshall. **The spirit of the gift**. *In*: SAHLINS, Marshall. *Stone age economics*. With new foreword by David Graeber. Milton Park, Abingdon, Oxon; New York, NY: Routledge Classics, 2017.

# Políticas de Armas no Brasil

## imitam as dos EUA, mas têm maiores divisões de classe

*Escrito por Mirna Wabi-Sabi*

Implementar um princípio político estrangeiro sobre armas pode acentuar ainda mais as desigualdades econômicas.

O ano de 2021 foi marcado por incentivos legais do governo Bolsonaro para afrouxar as restrições à posse e porte de armas no Brasil. Em um esforço para imitar a abordagem dos Estados Unidos em relação às armas, o presidente fez sua campanha eleitoral nessa plataforma, popularizando o gesto de arminha com as mãos e, eventualmente, introduzindo 30 decretos sobre o assunto. Dos decretos de flexibilização do "registro e aquisição de armas e munições por caçadores, colecionadores e atiradores" (entre outras coisas), alguns depois enfrentaram resistência do Senado. Essa resistência não surpreende, pois, segundo um censo de 2019 (seu primeiro ano no cargo), a maioria da população brasileira discordava fortemente da ideia de que o afrouxamento das leis de armas se traduziria em mais segurança pública.

Há também concordância entre pesquisadores e ONGs de que regulamentos frouxos em torno da posse e porte de armas exacerbarão a violência e incentivarão o comércio ilegal de armas já existente no país a crescer e baratear. O desvio das armas legais para a ilegalidade já era um problema antes desses decretos, com quase 20 mil armas nos 10 anos que antecederam 2016, quando o relatório foi publicado por uma comissão parlamentar de inquérito (CPI). Isso significa que popularizar a cultura das armas no Brasil não é combater o crime organizado, muito pelo contrário – vai aumentar sua oferta de armas.

O problema de implementar um princípio político dos Estados Unidos sobre armas no Brasil, além de nem mesmo funcionar em seu país de origem, é que a sociedade brasileira tem uma desigualdade econômica mais acentuada. Essa disparidade de classes está representada na demografia que se posiciona sobre a questão das armas.

De acordo com o relatório de 2019, "dos entrevistados que se disseram favoráveis à flexibilização da posse de arma de fogo, a maioria ganha mais de cinco salários-mínimos". Enquanto isso, "sete em cada dez moradores de periferias brasileiras discordaram da flexibilização da posse". Em outras palavras, a grande maioria daqueles que apoiam o controle estrito de armas vive mais perto de onde o crime organizado opera. Enquanto uma parcela mais rica da população que pode se dar ao luxo de viver nos chamados bairros mais seguros tende a apoiar o afrouxamento das restrições.

Nos Estados Unidos, a questão da classe permeia o debate sobre o controle de armas de um lugar um pouco diferente. Um estudo de 2017 descreve "contratempos econômicos" como a principal fonte de apego emocional à posse de armas, um direito que já é amplamente concedido no país. Isso significa que, nos EUA, a insegurança financeira pode motivar a posse de armas – como fonte de empoderamento.

A demografia dos brasileiros que ganham pelo menos cinco vezes mais que um salário-mínimo pode não estar tão distante da demografia dos Estados Unidos de pessoas que se sentem economicamente desprivilegiadas. O contexto social e histórico, no entanto, informa não apenas como essa demografia é descrita, mas também como esses indivíduos se descrevem. Alguém que se considera classe média alta no Brasil pode ser considerado classe média baixa nos Estados Unidos. No entanto, uma aversão à pobreza e aos pobres é um terreno comum.

Gênero e raça também marcam sentimentos em volta do controle de armas em ambos os países. Nos EUA, aqueles "que têm expectativas sobre o que significa ser um homem branco nos Estados Unidos hoje que não estão sendo atendidas" têm maior probabilidade de se interessar pela posse de armas. No Brasil, raça é mais difícil de dicotomizar devido a uma história colonial que encorajou a miscigenação em oposição à segregação. No entanto, raça tende a seguir as linhas de classe, uma vez que os brasileiros negros representam mais de 70% do segmento mais pobre da população, e os brancos representam 70% dos mais ricos. Considerando esses números, deve-se notar que, em ambos os países, pessoas negras e pobres são mais propensas a se tornarem vítimas de violência armada.

Outra grande preocupação com o afrouxamento das leis sobre armas, talvez mais no Brasil do que nos Estados Unidos, é o potencial de aumento do feminicídio. "O termo 'feminicídio' foi particularmente adotado na América Latina", mas isso não significa que seja mais difundido nessa região. O nível chocante de violência contra as mulheres no Brasil é resultado direto do fato de que houve um esforço para nomear a questão. Nos Estados Unidos, categorizar os feminicídios como qualquer outro homicídio pode mascarar o fato de que 92% deles são perpetrados por homens que as mulheres conheciam. A apreensão em afirmar que esses homicídios aconteceram porque essas vítimas são mulheres não muda o fato de que a maioria dos agressores são seus namorados ou maridos. Também não muda o fato de que "a pobreza está associada ao abuso doméstico". Tornar mais fácil a posse de armas e mantê-las nas casas de famílias provavelmente exacerbará a questão já existente da violência doméstica e a vulnerabilidade das mulheres que enfrentam insegurança financeira.

Para cada situação em que uma arma pode ser usada para proteger uma família de um assalto, existem várias outras situações em que essa arma pode ser usada para infligir danos irreparáveis a essa mesma família, seja inflamando a violência doméstica, a expansão do comércio ilegal de armas por organizações criminosas, ou pela vitimização desproporcional de famílias marginalizadas.

# O Papel da Polícia

As operações policiais nas periferias brasileiras são notoriamente mortais, e os mortos muitas vezes não estão envolvidos em atividades criminosas. Eles estão apenas no lugar errado na hora errada. Se as instituições de aplicação da lei fossem excelentes em exercer seu trabalho, não haveria necessidade de o Estado transferir a responsabilidade de fornecer segurança aos civis. No entanto, o incentivo de Bolsonaro ao uso da força, à violência, repercute bem com os policiais militares – que muitas vezes se tornam seus ávidos apoiadores. Como coloca um pesquisador de segurança pública, para um indivíduo apoiar um político que incentiva amadores a assumir um papel que é de sua responsabilidade profissional é uma "questão meramente ideológica, não prática". Essa ideologia, que vagamente significa valores familiares tradicionais, princípios religiosos e papéis de gênero conservadores, não tem nenhuma influência prática na redução das taxas de crimes violentos, no combate ao crime organizado ou na proteção das famílias em suas casas.

No mês passado, cerca de 20 pessoas foram mortas em um tiroteio entre policiais e supostos traficantes de drogas no Complexo do Alemão. Menos da metade dos mortos tinha antecedentes criminais, pelo menos dois deles não eram suspeitos e um era policial. Este cenário é recorrente; um relatório recente da UFF, financiado pela fundação política alemã Heinrich Böll, afirma que entre 2007 e 2021, "foram realizadas 17.929 operações pela polícia no Rio de Janeiro. Desse total, 593 operações policiais resultaram em massacres, totalizando 2.374 mortes." Não há evidências que demonstrem que essas operações tenham sido eficazes no combate ou impedimento das organizações do crime organizado, mas certamente elas foram eficazes em sustentar um reinado prolongado de terror em comunidades marginalizadas.

A única coisa com a qual todos parecem concordar é que a desigualdade econômica está se tornando progressivamente intolerável. A pobreza, o crime e a necessidade de uma sociedade mais segura são preocupações que possivelmente transcendem todas essas divisões ideológicas. A questão é quais são os passos práticos para melhorar uma condição social que leva à violência brutal de norte a sul do globo. A solução poderia ser mais armas ou mais dignidade humana?

[Referências no link:
plataforma9p9.com/post/políticas-de-armas-no-brasil-imitam-as-dos-eua-mas-têm-maiores-divisões-de-classe]

TÔ COM
LULA
Ô COM
LULA
Ô COM
LULA
Ô COM
LULA

# As Ineficiências da Democracia

## e das operações policiais nas favelas

*Instrumentalizar [Verbo]: dar instrumentos ou condições para que algo aconteça.*

*Instrumental [substantivo]: que serve de instrumento; que ajuda a ação.*

Houve outro massacre numa favela brasileira. Quase 20 pessoas foram mortas no Complexo do Alemão. Um relatório recente do Grupo de Estudos dos Novos Ilegalismos, da Universidade Federal Fluminense (UFF), financiado pela Heinrich Böll, afirma que entre 2007 e 2021 "foram realizadas 17.929 operações pela polícia no Rio de Janeiro. Desse total, 593 operações policiais resultaram em massacres, totalizando 2.374 mortes". Essas mortes não são inevitáveis, razão pela qual o relatório também propõe uma solução – desenvolver ainda mais um "regime democrático", a fim de limitar legalmente as ações do setor de aplicação da lei. Essa solução, no entanto, desconsidera que, embora evitáveis, essas mortes não são indesejadas, e é justamente por meio do sistema democrático que essas políticas de extermínio e esquemas de impunidade foram implantados.

Desde os anos 1960, o Brasil vive uma dicotomia entre ditadura militar e democracia. Passamos de um regime de direita apoiado pelos EUA para um líder da esquerda carismático, de origem operária, oprimido por esse mesmo regime ditatorial. Agora, para espanto dos que aderiram a essa abordagem política binária, foi o sistema democrático que deu voz e elegeu apoiadores da ditadura. Hoje em dia, acreditar que uma democracia "mais forte" é a solução para a violência policial é como crer que prédios mais altos são a solução para o aumento do nível do mar. Queremos realmente continuar subindo uma estrutura sem abordar as questões fundamentais do racismo, classismo e desrespeito pela vida humana quando ela não beneficia o capitalismo?

As ineficiências da democracia têm sido discutidas desde seu surgimento na Grécia Antiga.

Também seria seguro dizer que o exercício filosófico em torno da "democracia" tem sido um empreendimento ocidental. Uma das minhas citações favoritas sobre isso é: "a caracterização geral mais segura da tradição filosófica europeia é que ela consiste em uma série de notas de rodapé sobre Platão" (Alfred North Whitehead em *Processo e Realidade*). Essas notas de rodapé intermináveis são um esforço de colocar os valores europeus, como a democracia, na vanguarda de qualquer leitura sobre a condição humana.

Na academia, falar de filosofia é realmente se referir a um grupo específico de pensadores, de uma época específica – homens brancos do século XIX. Da demografia de pessoas pensadoras mais bem equipadas para teorizar sobre as condições sociopolíticas a que as – moradoras das favelas estão sujeitas, esses homens europeus do século XIX estão no final da lista. E a realidade é que o grupo demográfico que está no topo desta listagem é exatamente aquele que acaba morto, vítima da violência policial. Isso não é por coincidência.

Marielle Franco foi uma pensadora ativa no governo. Sua tese na UFF foi sobre a violência policial nas favelas e como suas operações não funcionam. A solução apresentada no capítulo "Organização popular e possíveis resistências" inclui a palavra "instrumentalização".

Especificamente, para tornar os moradores de

favelas instrumentais. Segundo Franco, a solução para combater a violência policial nas favelas está no fortalecimento da consciência de que "a favela deve ser respeitada" pelo governo e seus "agentes de segurança". Mas não a consciência desses agentes e funcionários do governo — a consciência dos moradores.

Não é do interesse daqueles que estão no poder (o governo e aqueles que o financiam) que os povos marginalizados (moradores de favelas) se tornem instrumentais na sociedade, perseguindo seus próprios objetivos e influenciando políticas. Para a ordem estabelecida, que no Brasil hoje é uma espécie de democracia, é melhor massacrar do que instrumentalizar a favela. Custa menos matar do que reestruturar a sociedade para erradicar a miséria, a pobreza, o racismo e a exploração. A única "justificativa" para esse massacre é que essas pessoas "mereciam" morrer porque eram criminosos ou estavam no lugar errado na hora errada. Obviamente, isso é inaceitável.

Uma das coisas mais inaceitáveis da democracia, porém, é quando ela serve como meio para um segmento instrumentalizado da população buscar o extermínio do "outro". Os super-representados usam seu poder para erradicar os subrepresentados, iniciando um ciclo democrático vicioso onde a cada eleição a oposição fica menor e mais enterrada. E uma coisa é certa, o fim da ditadura militar brasileira não significou o fim da militarização da sociedade brasileira. Isso porque, segundo Marielle Franco, a militarização é representativa de como ganhar dinheiro ainda é mais importante do que proteger vidas humanas. "A luta pela desmilitarização da sociedade, do Estado [...] tornou-se prioridade para quem sonha com um mundo onde a vida está acima do lucro." (UPP, página 135, edição n-1, 2018).

O relatório de massacres policiais de 2022 argumenta que o "volume e a forma de realizar chacinas apontam para um horizonte contrário à democratização". No entanto, nada sobre o regime democrático "aponta para um horizonte oposto" à militarização.

Não é apenas no setor de segurança pública que se observam vestígios da ditadura militar. Enquanto os valores capitalistas persistirem na sociedade, o mesmo acontecerá com a militarização – haverá a necessidade dela para realizar o extermínio de um segmento pouco "lucrativo" da população. Além disso, esses valores também serão representados na urna. O 'lucro' como um conceito abrangente não teria que ser demonizado se não viesse às custas das vidas de tantas pessoas, e não estou convencida de que as eleições estejam equipadas ou projetadas para impedir que isso aconteça. Será através do voto que podemos garantir dignidade a todos? Haverá um político que fará o que precisa ser feito para garantir que cada pessoa tenha um teto sobre a cabeça, comida na barriga e a consciência fortalecida para se tornar "instrumental" na sociedade?

[Referências no link: plataforma9p9.com/post/as-ineficiências-da-democracia-e-das-operações-policiais-nas-favelas]

*Fotos:*
por Fabio Teixeira tiradas no dia 11 de fevereiro de 2022 na Vila Cruzeiro.

Justo
Eterno
Santo
JESUS
SENHOR
CORAÇÃO

# A Narrativa Desumanizante

## em torno dos assassinatos policiais no Rio de Janeiro

*Esta publicação foi vencedora do **39.º Prêmio de Direitos Humanos de Jornalismo** na categoria fotografia — troféu paulo dias. E recebeu menção honrosa no 44.º Prêmio Vladimir Herzog.*

*Aviso de gatilho: violência e morte.*

O conteúdo dessa série fotojornalística representa um enigma ético para mim como escritora e merece um aviso de gatilho severo. O termo "aviso de gatilho" é frequentemente associado à chamada cultura "Woke", de "guerreiros da justiça social", mas, aqui, eu o uso literalmente. Gatilhos reais foram acionados e você como audiência está preparada para ver evidências fotográficas das consequências?

Por um lado, reproduzir essas imagens é, também, reproduzir a violência bárbara nelas retratada. Por outro lado, talvez, estar exposta a ela, como pessoa leitora e cidadã, possa fornecer a dose de realidade necessária para despertar uma consciência combativa, que pode ser usada para provocar mudanças reais. Mudança não apenas em quais gatilhos estão sendo acionados, onde e quando. Mudança na forma como falamos uns sobre os outros e uns com os outros.

As palavras usadas para descrever o que aconteceu no Rio de Janeiro dia 11 de fevereiro de 2022 foram baseadas principalmente no que a Polícia Militar teve a relatar. "Criminosos" foram mortos numa favela. São não-identificados, sem nome, mas eram 8, e eram "marginais". Segundo o porta-voz da polícia, eles estavam atrás de Chico Bento, um líder de quadrilha que fugiu e usou jovens, pobres e negros como escudo. Em outras palavras, o homem procurado fugiu porque a polícia estava ciente da estratégia e não estava disposta a sacrificar vidas inocentes.

Vidas foram sacrificadas mesmo assim, sem vergonha, inteligência ou escrúpulo. Os cadáveres foram tratados de forma desumana, talvez apenas como um reflexo final de como os corpos eram tratados quando estavam vivos — e a brutalidade continua na disseminação da retórica em torno de quem eram essas pessoas.

Neste descanso sem paz, não apenas os mortos são as vítimas. Toda uma comunidade é submetida à narrativa desumanizante usada pela polícia, e perpetuada pelos meios de comunicação de massa, para justificar ações injustificáveis. Então, ao invés de repetir o que já foi dito sobre esse caso — qual favela, qual líder de quadrilha, quantas armas, quantas drogas — devemos discutir quais são as consequências dessas operações policiais.

Não há evidências de que as operações da Polícia Militar ou a presença da Unidade de Polícia Pacificadora nas favelas cariocas tenham alcançado algum sucesso no controle da indústria de drogas e armas ilegais. Comunidades marginalizadas são aterrorizadas tanto pela polícia quanto pelos traficantes locais. De fato, comunidades negras marginalizadas são aterrorizadas pelas autoridades desde antes da existência do crime organizado, antes mesmo da existência da polícia ou do Estado que ela protege.

O que é 'crime organizado'? Em primeiro lugar, deve haver o conceito de crime, definido por lei e respaldado por instituições governamentais. E para que seja organizado, deve ser maior que uma única infração, grande o suficiente para se tornar uma indústria paralela e lucrativa.

As favelas se organizaram o suficiente para suportar um legado de terror que persistiu por meio milênio. A força policial que realiza operações de "pacificação" nas favelas foi criada antes da formação do Estado brasileiro, para 'caçar' pessoas escravizadas em fuga. Em outras palavras, a instituição policial precede a constituição e o estabelecimento de direitos humanos básicos.

O que distingue o crime organizado das operações fracassadas de inteligência policial é o apoio das autoridades, sejam elas quais forem. Ao longo da história, testemunhamos mudanças na autoridade institucional, da Monarquia, para a República, para uma moderna Constituição Liberal. Por toda parte, a Polícia persiste, comete crimes, às vezes auxilia organizações criminosas organizadas, mas, mesmo assim, segue controlando a narrativa.

O direcionar o discurso público é a ferramenta mais valiosa de uma instituição. Sua capacidade de convocar apoio é o segredo de sua longevidade. Quando se trata da polícia e do exército, a narrativa de que "marginais", "criminosos", "terroristas" não são nada mais do que apenas isso não só sustentou como agravou a sede de sangue em grande parte da população.

Os apoiadores de Bolsonaro, amantes de armas,

anseiam pela punição brutal de criminosos, adoram vídeos online de roubos que deram errado. O slogan dos anos 80, criado por um Delegado de Polícia do Rio de Janeiro, ainda é alarmantemente popular: "Bandido bom é bandido morto."

Não há dúvida de que o Brasil vive sob uma estratégia política de extermínio, a questão é qual narrativa um cidadão compra. Uma que propaga a ideia de que algumas pessoas merecem morrer porque não passam de criminosos marginais. E outra, que acredita que todas as pessoas merecem dignidade.

Não existem criminosos, existem pessoas que cometem crimes. Não existem marginais, existem pessoas que foram marginalizadas. Não existiram escravos, existiram pessoas que foram escravizadas. Quando deixamos de ver a humanidade nos outros, falhamos ela em nós mesmos. Talvez, ao sermos confrontados com imagens de dignidade sendo maliciosamente negada aos outros, possamos lutar pela dignidade deles tanto quanto lutamos pela nossa.

[Referências e mais fotos no link: plataforma9p9.com/post/a-narrativa-desumanizante-em-torno-dos-assassinatos-policiais-no-rio-de-janeiro]

*Esta publicação foi vencedora do **39.º Prêmio de Direitos Humanos de Jornalismo** na categoria fotografia — troféu paulo dias. E recebeu menção honrosa no 44.º Prêmio Vladimir Herzog.*

*Fotos:*
por Fabio Teixeira tiradas no dia 11 de fevereiro de 2022 na Vila Cruzeiro.

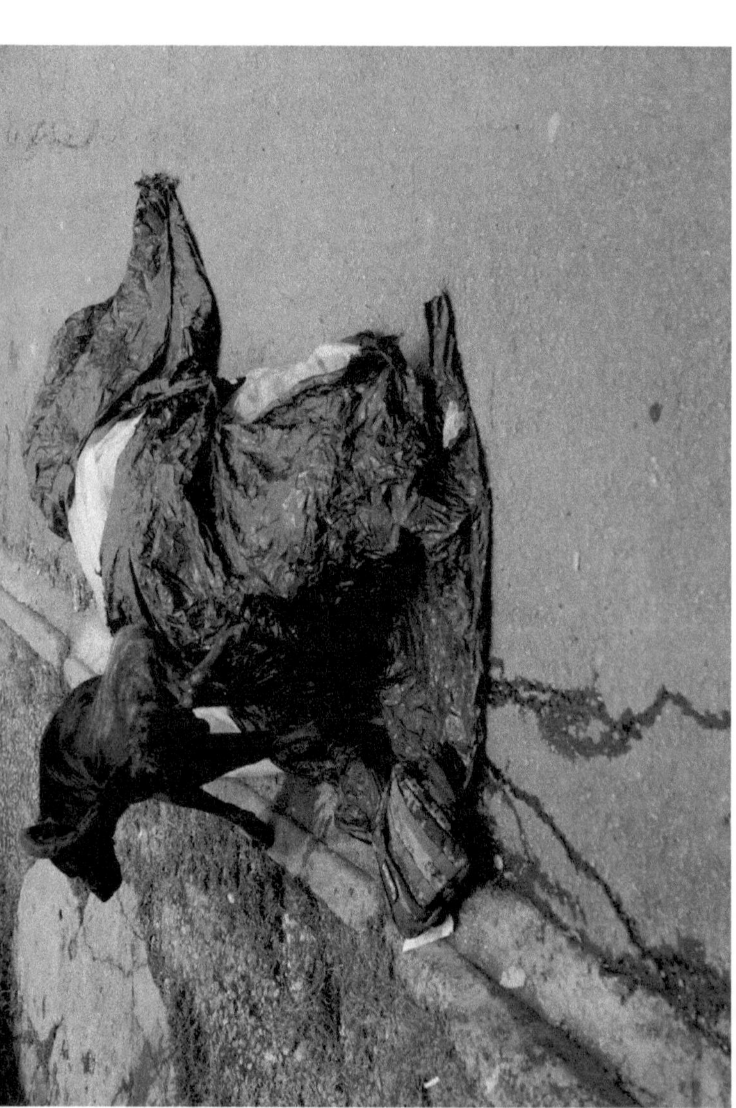